Trainingsplan für eine 20-jährige Sportlerin

Mesozyklus und Makrozyklus

Anna-Lena Zeifang

Bibliografische Information der Deutschen Nationalbibliothek:

Die Deutsche Nationalbibliothek verzeichnet diese Publikation in der Deutschen Nationalbibliografie; detaillierte bibliografische Daten sind im Internet über http://dnb.d-nb.de abrufbar.

ISBN: 9783346989345
Dieses Buch ist auch als E-Book erhältlich.

© GRIN Publishing GmbH
Trappentreustraße 1
80339 München

Druck und Bindung: Books on Demand GmbH, Norderstedt Germany
Gedruckt auf säurefreiem Papier aus verantwortungsvollen Quellen

Das vorliegende Werk wurde sorgfältig erarbeitet. Dennoch übernehmen Autoren und Verlag für die Richtigkeit von Angaben, Hinweisen, Links und Ratschlägen sowie eventuelle Druckfehler keine Haftung.

Das Buch bei GRIN: https://www.grin.com/document/1436108

Deutsche Hochschule für

Prävention und Gesundheitsmanagement

Hermann Neuberger Sportschule 3

66123 Saarbrücken

Einsendeaufgabe

Fachmodul: Trainingslehre 1

Studiengang: Bachelor of Arts Gesundheitsmanagement

**Datum
Präsenzphase:** 02.06-05.06.2020

Name, Vorname: Zeifang, Anna-Lena

Studienort: **Stuttgart**

Semester: **Wintersemester 2019**

Inhaltsverzeichnis

1   Aufgabe 1- Diagnose

1.1   Allgemeine und biometrische Daten

Tab. 1: Erfassung allgemeiner und biometrischer Daten

Alter	20 Jahre
Geschlecht	Weiblich
Körpergröße	1,58m
Körpergewicht	55kg
Taille-Hüft-Quotient	0,875
Trainingsmotive	Muskelaufbau, Kraftsteigerung, Figurformung
Berufliche Tätigkeit	Arbeit in einer Physiotherapiepraxis, überwiegend stehende Tätigkeiten
Aktuelle sportliche Aktivitäten	4-5 Mal pro Woche Krafttraining in einem Fitnessstudio
Frühere sportliche Aktivitäten	Betreibt Krafttraining seit 5 Jahren, jedoch ohne Periodisierung des Trainings
Zeitliche Verfügung	4-5 Mal pro Woche, jeweils 1-2 Stunden Zeit
Blutdruck	Systolisch: 115mm HG, diastolisch: 70mm HG
Ruhepuls	72 Schläge/Minute

Tab. 2: Bewertung der Diagnosedaten

Parameter	Norm	Bewertung
Blutdruck: 115/70 mmHG	Normotonie: 120/80-139/89 mmHG	Blutdruck im Normalbereich
BMI: 22	Normalgewicht: 18,5-24,9	BMI im Normalbereich
Taille-Hüft-Quotient: 0,875	Normalwert: >0,85	Grenzwertig, leicht über dem Normwert
Ruhepuls: 72 Schläge/Minute	Normaler Ruhepuls: 60-80 Schläge/Minute	Ruhepuls im Normbereich

Sonstiges:

- Keine internistischen oder orthopädischen Beeinträchtigungen, Person ist völlig belastbar
- Bereits hoher Umfang an sportlicher Aktivität vorhanden
- Hohes Trainingsalter von 5 Jahren
- Leistungsstagnation im Training kann auf monotones, nicht periodisiertes Training zurück geführt werden

1.2 Krafttestung

Es wurde ein Mehrwiederholungskrafttest(X-RM-Test) durchgeführt, da die Person keine gesundheitlichen Einschränkungen hat und bereits eine langjährige Trainingserfahrung mitbringt.

Zunächst werden die zu testenden Übungen ausgewählt. Für den hier aufgeführten Test handelt es sich um folgende Übungen: LH-Kniebeugen, LH-Kreuzheben, Schrägbankdrücken mit der Langhantel, Latzug vertikal zur Brust. Das Einstiegsgewicht wird jeweils subjektiv eingeschätzt. Zur Festlegung der entsprechenden Wiederholungszahlen muss das Trainingsziel definiert werden, welches im angeführten Beispiel der Muskelaufbau ist. Somit wird der Test mit einer Wiederholungszahl von 10 durchgeführt, mit welcher später auch trainiert wird.

Vor Beginn des Krafttests muss sich die Klientin zunächst allgemein und speziell aufwärmen. Im Anschluss folgen nun die Testsätze zur Ermittlung des maximal bewältigbaren Gewichtes für die vorher definierte Wiederholungszahl. Um die Muskelermüdung möglichst gering zu halten wird versucht die Ergebnisse nach maximal 3 Sätzen zu ermitteln. Konnte das Gewicht im ersten Satz locker bewältigt werden, wird im zweiten Satz das Gewicht um 5%, 10% oder 25%, je nach Empfinden der Testperson erhöht. Kann das Gewicht bei der 10. Wiederholung gerade noch bewältigt werden, ist das Ergebnis erreicht. Nach jedem Testsatz folgen jeweils mindestens 3 Minuten Pause zur Erholung.

Tab. 3: Darstellung der Testergebnisse des X-RM-Tests

Übung	Wiederholungen	1.Satz	2.Satz	3.Satz	Ergebnis
Kniebeugen	10	60kg	70kg	80kg	80kg
Kreuzheben	10	50kg	60kg	65kg	65kg
Schrägbank-drücken	10	15kg	20kg	25kg	25kg
Latzug	10	20kg	25kg	27,5kg	27,5kg

Mit diesen Testergebnissen ist es nicht möglich einen interindividuellen Leistungsvergleich durchzuführen, da keine Norm- bzw. Referenzwerte zum Vergleich existieren. Jedoch kann bei einer Standardisierung des Tests unter gleichen Bedingungen ein intraindividueller Leistungsvergleich erfolgen um die individuelle Leistungsentwicklung zu dokumentieren. Mit Hilfe der Individuellen-Leistungsbild-Methode (ILB-Methode) können anhand der Testergebnisse die Trainingsintensitäten abgeleitet werden. Bei diesem deduktiven Ansatz werden die im Test vorher bestimmten submaximalen Trainingsintensitäten als Grundlage für die Belastungsdosierung verwendet. Die Trainingsintensitäten werden anschließend prozentual auf Basis der Testwerte errechnet. Diese Methode ist in der Praxis gut umsetzbar, da vorher für jede Übung das maximale Gewicht mit den jeweiligen Wiederholungszahlen ermittelt wurde, mit denen später auch trainiert wird.

2   Aufgabe 2- Zielsetzung/Prognose

Tab. 4: Zielsetzungen der Klientin

Inhalt	Ausmaß	Zeit
Aufbau von Muskelmasse	1,5kg Muskelmasse	6 Monate
Kraftsteigerung in einem Krafttest	10%	6 Wochen
Taille-Hüft-Quotient verringern	Um 0,5	3 Monate

Bezüglich der Trainingsmotive Muskelaufbau, Kraftsteigerung und Figurformung der Klientin wurden die aufgeführten drei Zielen festgelegt. Auf Grund der guten gesundheitlichen Verfassung müssen keine Maßnahmen zur Verbesserung der Gesundheit vorgenommen werden. Ziel ist die Leistungssteigerung der Kraft, womit automatisch auch der

Muskelaufbau sowie die Figurformung im Sinne des Taille-Hüft-Quotienten gefördert bzw. verbessert wird.

3 Aufgabe 3- Trainingsplanung Makrozyklus

Tab. 5: Makrozyklusplanung auf Basis der ILB-Methode (deduktiver Ansatz)

	Kraftaus-dauertrai-ning	Muskelauf-bautraining (extensiv)	Muskelauf-bautraining (intensiv)	Maximal-krafttrai-ning (exten-siv)
Mesozyklus-dauer	6 Wochen	8Wochen	8 Wochen	6 Wochen
Einheiten pro Woche	4	4	4	4
Organisations-form	2er Split/ Su-persätze	2er Split/Sta-tion	2er Split/ Sta-tion	3er Split+ 1xGK/ Sta-tion
Übungen pro Muskelgruppe	2-3	3-4	3-4	3-4 Split/ 1-2 GK
Sätze pro Übung	3	3-4	3-4	3-4 Split/ 2-3 GK
Satzpausen	60 Sek.	60 Sek.	90 Sek.	120 Sek.
Wiederholungen	15	10	8	5
Intensität	80-100% ILB	80-100% ILB	80-100% ILB	80-100% ILB
Bewegungs-tempo	langsam	langsam	zügig	explosiv

Der hier dargestellte Makrozyklusplan für die Probandin hat seinen Schwerpunkt auf dem Muskelaufbautraining. Die zugrunde liegende Trainingsmethodik orientiert sich am vorher durchgeführten X-RM-Test. Somit wird hier der deduktive Ansatz der ILB-Methode verwendet, in welchem die Wiederholungszahlen für die Sätze bereits vorgegeben sind. Durch die spezielle Zielgruppenorientierung kann hier aufgrund des Trainingsalters die Intensitätswahl des Leistungstrainierenden gewählt werden (Eifler, 2013). Diese ist während des kompletten Makrozyklus zwischen 80 und 100% des jeweiligen ILB-Tests. In jedem Mesozyklus wird pro Woche jeweils die Intensität in diesem Bereich erhöht, um so langfristige Leistungssteigerungen erreichen zu können. Zudem wird nach jedem Mesozyklus ein neuer X-RM-Test mit den jeweils erforderlichen Wiederholungszahlen durchgeführt.

In jedem Mesozyklus wird mit 4 Einheiten pro Woche trainiert (Fröhlich und Schmidtbleicher, 2008), da diese Trainingshäufigkeit am Besten in das Zeitbudget der Klientin integrierbar ist. Somit besteht eine gute Relation zwischen Regenerationsphase und Trainingsphase (Bishop, Jones& Woods, 2008; Jones, Bishop, Richardson & Smith, 2006). Ebenso eine wichtige Rolle spielen die Trainingsreize pro Woche, welche für jede Muskelgruppe bei 2-3 trainingswirksamen Reizen liegen sollte. Grund hierfür ist die erhöhte Proteinsynthese im Muskel nach dem Training, welche lediglich 36-48 Stunden anhält. Folglich muss hier entsprechend der nächste Reiz gesetzt werden (Mac Dougall et all., 1995; Phillips, Tipton, Aarsland, Wolf& Wolfe, 1997).

Über den gesamten Zyklus wird mit dem Mehrsatz-Verfahren trainiert, da Fortgeschrittene hiermit bessere Effekte erzielen können (Fleck und Kramer, 2004). Die Anzahl der Übungen pro Muskelgruppe sowie die Satzanzahl variieren leicht in den verschiedenen Mesozyklen. Im Allgemeinen orientieren sie sich an dem Grobraster der ILB-Methode (Boeckh-Behrens et al., 2002; Fleck & Kraemer, 2004; Fröhlich, 2003).

Aufgrund der bisher fehlenden Periodisierung des Trainings wird hier systematisch jede Kraftfacette berücksichtigt, welche sich in der linearen Periodisierung bzw. der Blockperiodisierung kennzeichnen. Im Laufe des Makrozyklus nehmen die Wiederholungszahlen regressiv ab wohingegen die Intensitäten progressiv ansteigen (Fröhlich, Müller, Schmidtbleicher & Emrich, 2009; Kraemer & Fleck, 2007). So kann die Kraftleistung zunehmend gesteigert werden.

Zu Beginn wird ein umfangorientiertes Basistraining im Bereich der Kraftausdauer durchgeführt, dieses wird mit Hilfe eines 2er-Splits in Kombination mit Supersätzen durchgeführt. Die Aufsplittung der Einheiten wird in Oberkörper sowie Rumpf und Unterkörper unterteilt. Es werden 2-3 Übungen pro Muskelgruppe mit jeweils 3 Sätzen durchgeführt, welche als Supersätzen kombiniert werden, um eine Zeitersparnis zu erlangen und das Herz-Kreislauf-System stärker zu beanspruchen. Bei diesem umfangorientierten Training wird primär die Verbesserung des anaerob-laktaziden Stoffwechsels und die damit verbundene bessere Regenerationsfähigkeit angestrebt. Zudem wird die Klientin so auf höhere Trainingsintensitäten, die in den weiteren Wochen folgen vorbereitet.

Mit Hilfe des 2er-Splits ist es bei der Trainingshäufigkeit von vier Einheiten pro Woche möglich jeden Muskel mit jeweils zwei Reizen zu trainieren. Zudem kann durch den 2er-

Split jeder Muskel mit mehr Konzentration und einem höheren Volumen belastet werden als bei einem Ganzkörpertraining.

In den folgenden zwei Mesozyklen liegt der Schwerpunkt auf dem Muskelaufbautraining hier wird ebenso mit einem 2er-Split trainiert, jedoch an Stationen, um das Training abwechslungsreich zu gestalten. Durch die aufeinanderfolgenden Sätze kommt es zu einer größeren Muskelermüdung. Ebenso wurden hier die Übungen pro Muskelgruppe auf 3-4 gesteigert, um ein höheres Volumen zu erlangen. Primäres Ziel dieser Zyklen ist die Vergrößerung des Muskelquerschnitts sowie die Verbesserung der neuromuskulären Ansteuerung.

Der letzte Mesozyklus dient zur Steigerung der Maximalkraft. Der bedeutende Unterschied zu den vorrangegangenen Zyklen ist, dass hier in einem 3er-Split in Kombination mit einem Ganzkörpertraining trainiert wird. Auch hier werden jeweils 2 Trainingsreize pro Muskel gesetzt, jedoch kann durch die Kombination etwas Abwechslung in den Trainingsplan eingebaut werden, um keine Monotonie entstehen zu lassen. Die Satzzahlen sowie die Übungen pro Muskelgruppe variieren hier je nach Plan.

4   Aufgabe 4- Trainingsplanung Mesozyklus

Tab. 6: Mesozyklusplanung des extensiven Muskelaufbau Zyklus

Mesozyklus 2	
Zyklusdauer	8 Wochen
Spezifisches Trainingsziel	Muskelaufbau (extensiv)
Einheiten pro Woche	4
Organisationsform	2er-Split
Übungen pro Muskelgruppe	3-4
Sätze pro Übung	3-4
Satzpause	60 Sekunden
Widerholungszahl	10
Intensität	80-100% ILB
Bewegungstempo	Langsam

Tab. 7: Übungsauswahl 2er-Split

	2er-Split
	Trainingsschwerpunkt Oberkörpermuskulatur:
Einheit 1	<ul><li>LH- Schrägbankdrücken NG</li><li>Butterfly am Seilzug</li><li>KH- Flachbankdrücken/</li><li>Latzug vertikal zur Brust</li><li>Rudern am Seilzug horizontal (enger NG)</li><li>Butterfly reverse am Seilzug</li><li>KH Seitheben</li><li>LH-rudern aufrecht</li><li>KH- Supinations Curls</li><li>Trizepsdrücken am Seilzug</li></ul>
	Trainingsschwerpunkt Unterkörper- und Rumpfmuskulatur:
Einheit 2	<ul><li>LH-Kniebeugen</li><li>KH-Ausfallschritte hinten erhöht auf einer Bank</li><li>LH-Kreuzheben</li><li>Beinpresse horizontal</li><li>Hüftabduktionsmaschine</li><li>Hüftadduktionsmaschine</li><li>Beinbeuger liegend an der Maschine</li><li>Rumpfflexion am Seilzug</li><li>Rumpflateralflexion am Seilzug</li><li>Rumpfrotation an der Maschine</li></ul>

Tab. 8: Mesozyklusplanung Einheit 1 mit Trainingsintensitäten (80-100% 10-RM)

Übungen Einheit 1	ILB-Test	Woche 1 80%	Woche 2 80%	Woche 3 80%	Woche 4 90%	Woche 5 90%	Woche 6 90%	Woche 7 100%	Woche 8 100%
Schrägbank	25kg	20kg	20kg	20kg	22,5kg	22,5kg	22,5kg	25kg	25kg
Butterfly	15kg	12kg	12kg	12kg	13,5kg	13,5kg	13,5kg	15kg	15kg
Flachbank	30kg	24kg	24kg	24kg	27kg	27kg	27kg	30kg	30kg
Latzug	27,5kg	22kg	22kg	22kg	25kg	25kg	25kg	27,5kg	27,5kg
Rudern	40kg	32kg	32kg	32kg	36kg	36kg	36kg	40kg	40kg
Seitheben	10kg	8kg	8kg	8kg	9kg	9kg	9kg	10kg	10kg
Rudern aufrecht	20kg	16kg	16kg	16kg	18kg	18kg	18kg	20kg	20kg
Curls	15kg	12kg	12kg	12kg	13,5kg	13,5kg	13,5kg	15kg	15kg
Trizepsdrücken	15kg	12kg	12kg	12kg	13,5kg	13,5kg	13,5kg	15kg	15kg

Tab. 9: Mesozyklusplanung Einheit 2 mit Trainingsintensitäten (80-100% 10-RM)

Übungen Einheit 2	ILB-Test	Woche 1 80%	Woche 2 80%	Woche 3 80%	Woche 4 90%	Woche 5 90%	Woche 6 90%	Woche 7 100%	Woche 8 100%
Kniebeuge	80kg	64kg	64kg	64kg	72kg	72kg	72kg	80kg	80kg
Ausfallschritte	32kg	26kg	26kg	26kg	29kg	29kg	29kg	32kg	32kg
Kreuzheben	65kg	52kg	52kg	52kg	59kg	59kg	59kg	65kg	65kg
Beinpresse	200kg	160kg	160kg	160kg	180kg	180kg	180kg	200kg	200kg
Abduktion	100kg	80kg	80kg	80kg	90kg	90kg	90kg	100kg	100kg
Adduktion	60kg	48kg	48kg	48kg	54kg	54kg	54kg	60kg	60kg
Beinbeuger	30kg	24kg	24kg	24kg	27kg	27kg	27kg	30kg	30kg
Rumpfflexion	30kg	24kg	24kg	24kgg	27kg	27kg	27kg	30kg	30kg
Rumpflateralflexion	20kg	16kg	16kg	16kg	18kg	18kg	18kg	20kg	20kg
Rumpfrotation	15kg	12kg	12kg	12kg	13,5kg	13,5kg	13,5kg	15kg	15kg

Der Schwerpunkt des Mesozyklus liegt hauptsächlich auf Übungen mit freien Gewichten und Übungen am Seilzug, es gibt lediglich ein paar Ausnahmen in der zweiten Einheit, in der Maschinen eingebaut sind, um hier nochmals spezielle Muskelgruppen isoliert zu trainieren und diese so in den Fokus zu setzen. Bei Training an Maschinen ist kaum Koordination gefordert, dementsprechend ist es möglich mit mehr Gewicht zu trainieren Der Bewegungsablauf ist insgesamt leichter durchführbar, da keine Eigenstabilisation notwendig ist. In Hinblick auf den Leistungsstand und der langen Trainingserfahrung sind freie Übungen für die Klientin ohne Probleme durchführbar. Das Training mit freien Gewichten ist viel anspruchsvoller aufgrund der notwendigen Eigenstabilisation während der Übung, hier wird zusätzlich die Autostabilität gefordert. Zudem finden sich im Plan viele mehrgelenkige Übungen, wie zum Beispiel Kniebeugen, diese haben den Hintergrund, dass hier die Muskeln als funktionelle Einheit arbeiten, das heißt es arbeiten immer mehrere synergistisch wirkende Muskeln gleichzeitig, wodurch ein höherer metabolischer Effekt erzielt werden kann, als bei eingelenkigen Übungen (Haff, 2000). Durch Übungen mit freien Gewichten wird zudem eine bessere Steigerung der Kraftfähigkeit erlangt (Stone Collins, Plisk, Haff & Stone, 2000). Die Steigerung der Kraft ist eines der Ziele der Klientin. Ein weiterer Grund für den Schwerpunkt auf Übungen mit freien Gewichten ist die feinere Abstufung der Gewichtslast, dadurch können die prozentual errechneten Gewichte der einzelnen Übungen präziser angewendet werden.

Die Übungen am Seilzug sind mit eingebaut, um mehr Variation zu ermöglichen. Durch die flexible Positionierung am Seilzug sowie die individuell einstellbare Höhe und dem Ansatzpunkt des Wiederstandes kann das äußere Drehmoment beeinflusst werden. Somit sind mehrdimensionale Bewegungen in alle Bewegungsebenen variierbar, wodurch die Wirkungsrichtung der Last sich verändern lässt und aus unterschiedlichen Gelenkwinkelstellungen gearbeitet werden kann (Weber & Hellnake, 2004). Zudem verläuft die Kraftkurve anders als bei freien Übungen, da hier der maximale Widerstand in einem kleineren Winkel auftritt. An dieser Stelle hat die Muskulatur ein größeres Kraftpotential und kann dadurch das äußere Drehmoment besser überwinden.

Es überwiegen hauptsächlich mehrgelenkige Übungen aufgrund deren Komplexität. Zudem handelt es sich hier um physiologische Bewegungen, da durch die Kokontraktion der synergistischen Muskeln diese Bewegungen besser auf den Alltag übertragbar sind.

Die Reihenfolge der Übungen ist so aufgebaut, dass zunächst mehrgelenkige Übungen ausgeführt werden und dann eingelenkige, um die Vorermüdung der synergistisch wirkenden Muskulatur zu vermeiden (Bompa & Carrera, 2005). Insgesamt werden alle Muskelgruppen ausgewogen trainiert, um keine Dysbalancen hervorzurufen. Eine wichtige Rolle hat dabei auch die Rumpfmuskulatur, denn diese hat eine ausschlaggebende Rolle bei der Stabilisation und bildet die Basis für starke Extremitäten Muskulatur (Bompa & Carrera, 2005).

Begründung der Übungsauswahl:

Die Übungen sind primär auf die Vorlieben der Klientin abgestimmt.

In dem Mesozyklus sind drei verschiedene Hauptübungen für den pectoralis major eingebaut: LH-Schrägbankdrücken, KH-Flachbankdrücken und Butterfly am Seilzug. Die Übungen finden jeweils in unterschiedlichen Winkeln statt, außerdem werden jeweils unterschiedliche Hanteln bzw. ein Seilzug verwendet, um das Training abwechslungsreich zu gestallten. Durch diese Abwechslung arbeiten jeweils andere Synergisten bei den Übungen mit. Die technische Schwierigkeit der zwei Bankdrücken Variationen ist sehr hoch, jedoch optimal für den Leistungsstand der Klientin, da hier viel Eigenstabilisation und Koordination gefordert ist, dadurch kommt es nicht zu einer Unterforderung bzw. einer Monotonie im Training.

Damit ein ausgewogenes Muskelverhältnis entsteht sind ebenfalls 3 Hauptübungen für den latissimus dorsi eingebaut: Latzug vertikal zur Brust, Rudern horizontal am Seilzug und Butterfly reverse am Seilzug. Die Übung Butterfly reverse ist synergistisch zu den Butterflys für den pectoralis major und damit optimal für eine ausgewogene Balance zwischen Agonisten und Antagonisten (trapezius pars transversa/spinata, rhomboidei, latissimus dorsi zu pectoralis major). Bei den genannten Übungen wird jeweils auch die Schultermuskulatur mittrainiert. Der Latzug vertikal und das horizontale Rudern trainieren Rücken-, Schulter- sowie Armbeugemuskulatur und sind damit gut geeignete Grundübungen, aufgrund der hohen beanspruchten Muskelmasse. Auch hier wird wieder in unterschiedlichen Bewegungsrichtungen (horizontal und vertikal) trainiert, um jeweils andere Reize setzen zu können. Zudem sind noch zwei Übungen für die Schultermuskulatur integriert: Seitheben und aufrechtes Rudern. Hierbei werden primär der deltoideus pars acromialis und der trapezius pars descendens beansprucht.

Zu Letzt werden noch zwei isolierte Übungen für die Armmuskulatur gemacht: Suspinations Curls mit außen Drehung für den biceps brachii, brachialis sowie den brachioraialis und Trizepsdrücken für den triceps brachii.

In der ganzen Einheit 1 sind nur freie Übungen mit Hanteln oder Übungen an Seilzügen eingebaut. Der Hintergrund ist das hohe Leistungslevel der Klientin. Die Übungen sind alle anspruchsvoll und erfordern eine gute intermuskuläre Koordination. Diese sind bewusst aus verschiedenen Bewegungsrichtungen gewählt und damit Abwechslung entsteht werden die Übungen unterschiedlich mit Kurzhanteln, Langhanteln oder am Seilzug durchgeführt.

Einheit 2 hat seinen Schwerpunkt auf der Unterkörper-, und Rumpfmuskulatur. Zu Beginn werden die mehrgelenkigen Grundübungen LH-Kniebeugen, KH-Ausfallschritte erhöht, LH-Kreuzheben sowie Beinpresse horizontal durchgeführt. Hier werden jeweils die Knie-, und Hüftgelenksstrecker sowie teilweise die autochthone Rückenmuskulatur (bei Kniebeugen und Kreuzheben) trainiert. Kniebeugen sind eine sehr komplexe Übung und erfordern sehr viel intermuskuläre Koordination sowie eine Stabilisation des gesamten Rumpfes und sind deshalb an erster Stelle der Einheit. Durch die Erhöhung des hinteren Beines bei den Ausfallschritten wird das Gleichgewicht vermehrt gefordert und die Schwierigkeit deutlich erhöht, somit ist die Übung anspruchsvoller und optimal für das Leistungsniveau der Klientin. Kreuzheben ist ebenfalls eine wichtige Grundübung, da hier sehr viele Muskeln gleichzeitig in einer Muskelkette arbeiten. Die Übung ist technisch sehr anspruchsvoll und erfordert viel Übung und eine gute intermuskuläre Koordination. Durch das Einbauen dieser anspruchsvollen Grundübungen wird verhindert, dass eine Trainingsmonotonie entsteht, da bei allen Übungen volle Konzentration gefordert wird. Die Beinpresse horizontal trainiert ebenfalls die Knie-. und Hüftstreckermuskulatur, sie ist dieser Stelle eingebaut, um geführt an der Maschine nochmals diese Muskeln zu trainieren. Der Bewegungsablauf ist hier sehr leicht und erfordert nur wenig koordinative Kompetenzen, weshalb hier auch mit mehr Gewicht trainiert werden kann, um eine Kraftsteigerung in der beanspruchten Muskulatur zu erlangen.

Im Anschluss werden drei isolierte Übungen an Maschinen absolviert: Hüftabduktion, Hüftadduktion sowie Beinbeuger liegend. Mit den isolierten Übungen können diese Muskelgruppen nochmals explizit fokussiert werden. Bei der Hüftabduktion werden primär der gluteus und der tensor fasciae latae trainiert. Die Hüftadduktion gilt hier als antagonistisch wirkende Übung, um eine Balance zwischen den Hüftabduktionsmuskeln und den Hüftadduktionsmuskeln zu halten. Die liegende Beinbeugerübung ist zusätzlich eingebaut, um den biceps femoris nochmals isoliert zu reizen.

Zu Letzt folgen drei verschiedene Rumpfübungen: Rumpfflexion und Rumpflateralfelxion am Seilzug sowie Rumpfrotation an der Maschine. Durch die verschiedenen Bewegungsrichtungen werden alle Rumpfmuskeln trainiert. Die Bauch-, und Hüftbeugemuskulatur, seitliche Rumpfmuskulatur sowie die Rumpfrotationsmuskeln, somit wird eine komplette Rumpfstabilisation erreicht und es entstehen keine Dysbalancen.

5   Aufgabe 5- Literaturrecherche

Tab. 10: Gegenüberstellung der Studien (modifiziert in Anlehnung an Church et al., 2011; Bweir et al., 2009)

	Church et al. (2011)	Bweir et al. (2009)
Fragestel-lung(en)	1.) Welche Auswirkungen hat Aero-bic- und Resistenztraining auf den Hämoglobin A(1c) -Spiegel bei Patienten mit Typ-2-Diabetes? 2.) Welche Vorteile hat das Aerobic Training allein, das Widerstandstraining allein und eine Kombination beider auf Hämoglobin A(1c) bei Personen mit Typ-2-Diabetes?	Welche Auswirkungen hat ein 10 Wo-chen Resistenz- oder Laufbandtraining auf das glykämische Level HbA(1c) vor und unmittelbar nach dem Training bei Erwachsenen mit Typ-2-Diabetes?
Stichprobe	n=262, 63,0% Frauen, 37% Männer mit Typ-2-Diabetes und HbA(1c) -Spiegeln von 6,5 % oder höher Durchschnittsalter: 55,8 Jahren	n=20 inaktive Probanden mit Typ-2-Di-abetes aus einer Klinik Durchschnittsalter: 53,5 Jahre
Materia-lien/Test	- 41 Teilnehmer wurden der Nicht-Übungskontrollgruppe zugeord-net - 73 zum Widerstandstraining an 3 Tagen in der Woche - 72 für aerobe Übungen, bei denen sie 12 kcal/kg pro Woche aufwen-deten - 76 zu kombiniertem Aerobic- und Widerstandstraining, bei dem sie 10 kcal/kg pro Woche aufwende-ten und zusätzlich zweimal pro Woche Widerstandstraining ab-solvieren Hauptergebnisänderung sind in der HbA(1c) -Ebene. Sekundäre Ergebnisse sind Maßnahmen der Anthropometrie und Fitness. Die Werte wurden mit einer Kon-trollgruppe verglichen.	- HbA(1c), Blutzuckerspiegel, Herzfrequenz und Blutdruck wurden vor dem Übungspro-gramm gemessen. - Die Probanden wurden auf-grund von Alter, Geschlecht und Taillenumfang in zwei Gruppen aufgeteilt (Resistenz-oder Laufband-Übungs-gruppe). - Beide Gruppen trainierten drei-mal pro Woche für insgesamt 10 Wochen.
Untersu-chungsdesign	Randomisierte kontrollierte Studie 9-monatiges Übungsprogramm, in das zwi-schen April 2007 und August 2009 die Ver-suchspersonen aufgenommen wurden.	Kontrollierte Studie mit Parallelgrup-pendesign und abgestimmten Proban-den.

13

	Church et al. (2011)	Bweir et al. (2009)
Hauptergeb-nisse	Bei Patienten mit Typ-2-Diabetes mellitus verbesserte eine Kombination aus Aerobic- und Resistenztraining im Vergleich zur nicht trainierenden Kontrollgruppe die HbA(1c) -Spiegel. Dies wurde nicht allein durch Aerobic- oder Widerstandstraining erreicht. Alle Übungsgruppen reduzierten den Taillenumfang.	Verringerung der Blutzuckerwerte und der HbA1c vor und nach der Übung. Keine Änderung der Herzfrequenz und des Blutdrucks. Die größere Reduktion des HbA(1c) wurde bei den Widerstandsübungen erlangt, die Werte waren deutlich niedriger als bei der Laufbandgruppe. Deutlich bessere glykämische Kontrolle bei Typ-2-Diabetes durch Widerstandstraining im Vergleich zu Laufbandtraining.

6   Literaturverzeichnis

Bishop, P. A., Jones, E. & Woods, A.K. (2008). Recovery from resistance training: a brief review. *Journal of Strenght and Conditioning Research,* 22 (3), 1015-1024.

Boeckh-Behrens, W. U., Buskies, W. & Beier, P. (2002). Fitness-Krafttraining. Die besten Übungen und Methoden für Sport und Gesundheit (6. Aufl.) Reinbek bei Hamburg: Rowohlt.

Bweir, S., Al-Jarrah, M., Almalty, A.M., Maayah, M., Sminova, I., Novikova L. & Stehno-Bittel, L (2009). Resistance exercise training lower HbA1c more than aerobic training in adults with typ 2 diabetes. Zugriff am 14.06.20. Verfügbar unter: https://link.springer.com/article/10.1186/1758-5996-1-27

Bompa, T. O. & Carrera, M. C. (2005). Periodization training for sports. Science-based strenght and conditioning plans for 20 sports. Champaign, IL: Human Kinetics.

Chruch, T. S., Blair, S. N., Cocreham, S., Johannsen, N., Johnson, W., Kramer, K., Mikus, C. R., Myers, V., Nauta, M., Rodarte, R. Q., Sparks, L., Thompson, A. & Earnest, C.P. (2011). Effects of Aerobic and Resistance Training on Hemoglobin A1c Levels in Patients With Type 2 Diabetes: A Randomized Controlled Trial. Zugriff am 13.06.20. Verfügbar unter: https://pumed.ncbi.nlm.nih.gov/21098771/?from_term=resistance+training+diabetes&from_pos=2

Eifler, C. (2013). Empirische Überprüfung der Effekte verschiedener Ansätze zur Intensitätssteuerung im fitnessorientierten Krafttraining. Dissertation. Universität des Saarlandes, Saarbrücken.

Fleck, S. J. & Kraemer, W. J. (2004). Designtraining resistance training programs (3.ed.). Champaign, IL: Human Kinetics.

Fröhlich, M. (2003). Eine empirische Studie zur Methodik des Kraftausdauertrainings. Dissertation. Johann Wolfgang Goethe- Universität, Frankfurt am Main.

Fröhlich, M. & Schmidtbleicher, D. (2008). Trainingshäufigkeit im Krafttraining – ein metaanalytischer Zugang. *Deutsche Zeitschrift für Sportmedizin,* 59 (2) 4-12.

Fröhlich, M., Müller, T., Schmidtbleicher, D. & Emerich, E. (2009). Outcome-Effekte verschiedener Periodisierungseffekte im Krafttraining. *Deutsche Zeitschrift für Sportmedizin,* 60 (10), 307-314.

Haff, G. G. (2000). Roundtable discussion: machines versus free weights. *Strenght and Conditioning Journal,* 22 (6),18-30

Jones, E. J., Bishop, P. A., Richardson M. T. & Smith, J. F. (2006). Stability of practical measures of recovery from resistance training. *Journal of Strenght and Conditioning Research,* 20 (4, 20 (4), 756-759.

Kraemer, W. J. & Fleck, S. J. (2007). Optimizing strenght training. Designing nonlinear periodization workouts. Champaign, III: Human Kinetics.

Koch, A., Haff, G. G. (1999). Training for size vs. Training for power. *Muscular Development,* 33 (8), 96-103.

Mac Dougall, J.D., Gibala, M.J., Tarnopolsky, M.A., Mac Donald, J.R., Interisano, S.A. & Yarasheki, K. E. (1995). The time course for elevated muscle protein synthesis following heavy resistance exercise. Canadian *Journal of Applied Physiology,* 20 (4), 480-486.

Phillips, S. M., Tipton, K. D., Aarsland, A., Wolf, S. E. & Wolfe, R. R. (1997). Mixed muscle protein synthesis and breakdown after resistance exercise in humans. *American Journal of Physiology,* 273 (1), E99-107.

Stone, M. H., Collins, D., Plisk, S., Haff, G. G. & Stone, M. E. (2000). Training principles: evaluation of modes and methodes of resistance training. *Strengeht and Conditioning Journal,*22 (3), 65-76.

Weber, R. & Hellhake, S. (2004). Seilzuggeräte optimal nutzen. Bad Krozingen: Frei AG.

7 Abbildungs- und Tabellenverzeichnis

7.1 Tabellenverzeichnis